AF245427

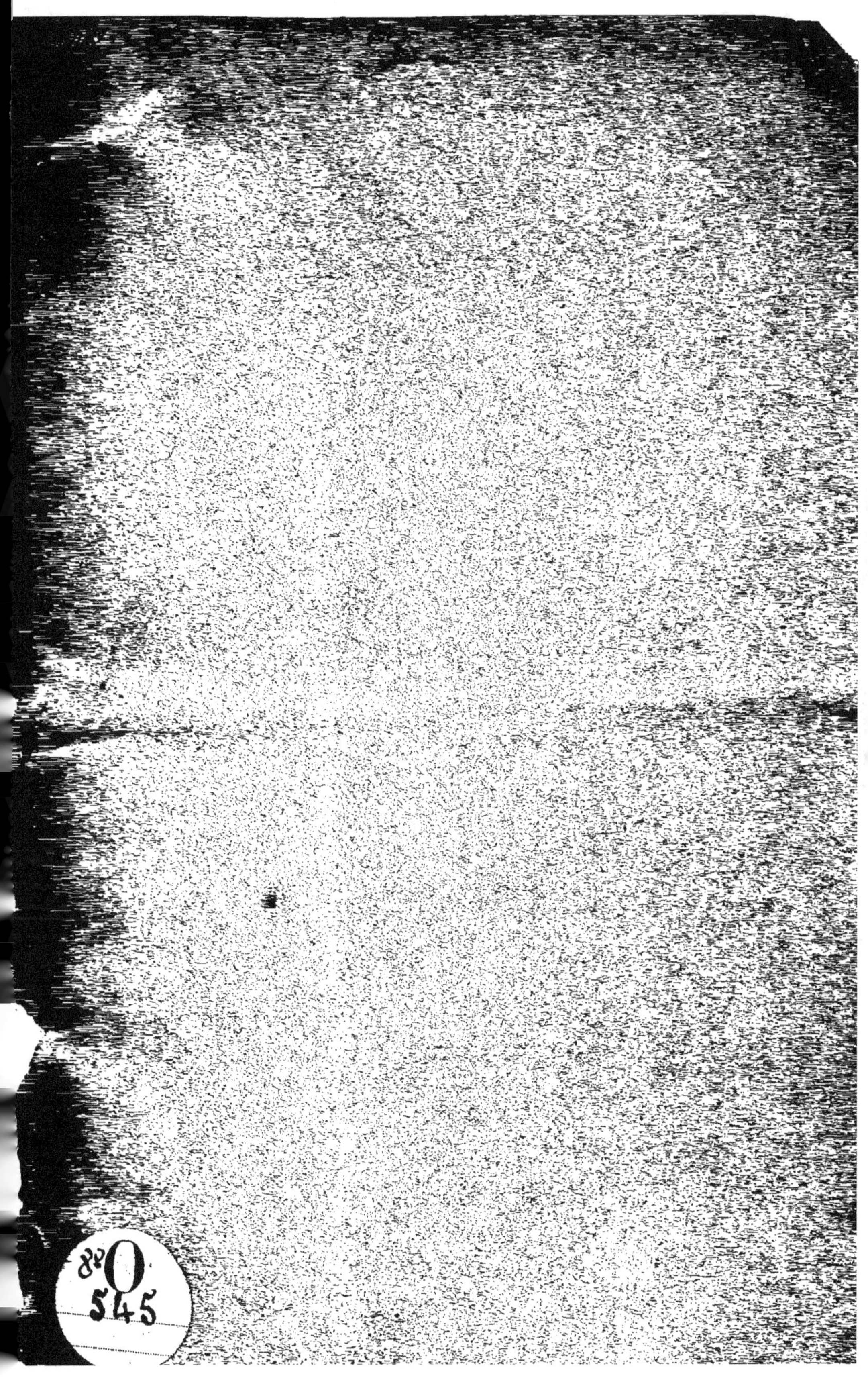

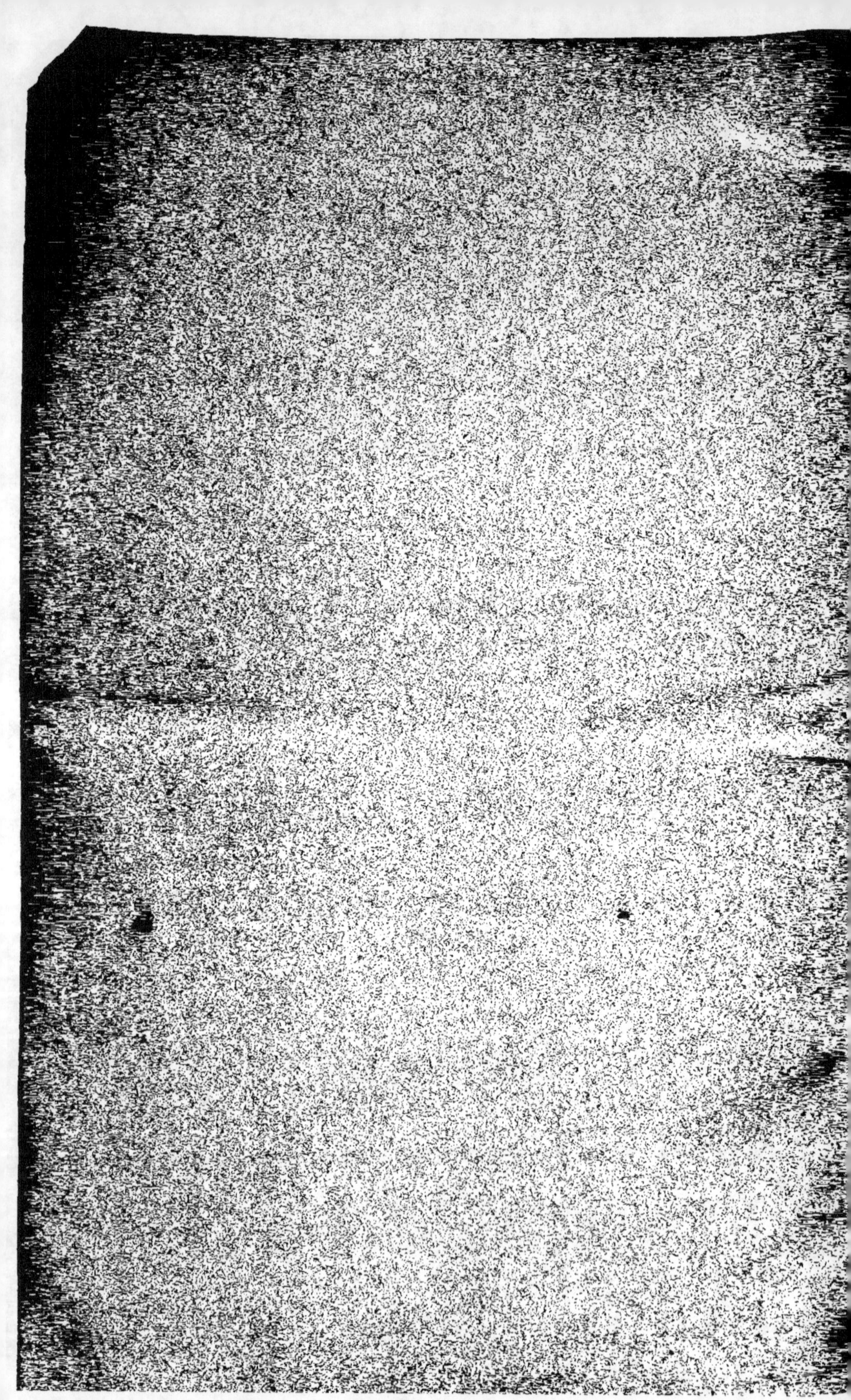

# RELATION

D'UN

# VOYAGE EN ESPAGNE

PAR

## CH. FIERVILLE

DOCTEUR ÈS LETTRES

Correspondant du Ministère de l'Instruction publique

PROVISEUR DU LYCÉE DE SAINT-BRIEUC.

# SAINT-BRIEUC

IMPRIMERIE FRANCISQUE GUYON, LIBRAIRE,

RUES SAINT-GILLES, 4, ET DE LA PRÉFECTURE, 1.

1876

# RELATION



D'UN

# VOYAGE EN ESPAGNE

---

MESDAMES ET MESSIEURS, *

Il est assez difficile aujourd'hui de raconter d'une façon intéressante un voyage en Espagne, et je n'aurais pas osé écrire
ces pages si elles ne m'avaient été demandées avec instance
par plusieurs de mes amis. Vous voudrez donc bien m'excuser
si, comme je le crains, mon récit n'est pas à la hauteur de ce
que vous êtes en droit d'attendre d'un homme revenu de ce
beau pays où tous, en rêve, nous avons bâti plus ou moins
de châteaux. — Ce n'est pas d'ailleurs comme simple touriste
que j'ai traversé l'Espagne. J'allais à la recherche de quelques
manuscrits de Quintilien conservés dans les bibliothèques de
ce pays, pour mettre la dernière main à un ouvrage que je prépare depuis de longues années. De tous ceux qui sont épars
dans les différents dépôts de l'Europe, ces manuscrits sont les
seuls dont les critiques n'aient pas encore parlé. Je désirais les
voir, les étudier, les classer et indiquer le parti qu'on en peut
tirer pour une édition nouvelle.

Le 29 juillet dernier, M. le Ministre de l'Instruction publique
voulut bien me confier la mission que je sollicitais. Quelques
jours après je partais, muni d'un passeport (précaution inutile
et coûteuse), d'un second passeport diplomatique que m'avait
délivré M. le Ministre des Affaires étrangères, et d'une lettre
de recommandation pour M. Zarco del Valle, chambellan et
bibliothécaire du roi Alphonse XII.

---

* Cette lecture a été faite à la *Société d'Émulation des Côtes-du-Nord* à la
séance de rentrée, le 14 octobre 1876.

Je devais cette lettre à la gracieuseté de M. Morel-Fatio, employé à la bibliothèque nationale de Paris, et je tiens à l'en remercier publiquement. Grâce à lui, j'ai trouvé un véritable ami qui m'a aplani les premières, et, par conséquent, les plus grandes difficultés. En Espagne, en effet, les recommandations officielles sont d'un grand poids ; mais les recommandations officieuses ouvrent toutes les portes ; elles sont indispensables.

Je ne vous dirai rien du trajet de Paris à Bayonne ; quatorze heures de chemin de fer, en train express, sont bien vite écoulées. J'avais hâte de passer la frontière. C'était la première fois que je quittais le sol français, et, quoique ce fût pour peu de temps, je vous avoue, Messieurs, que je ne pus me défendre d'une émotion indéfinissable quand, après être sorti de la gare d'Hendaye, je me trouvai sur le pont de la Bidassoa. « Nous voilà en Espagne, » me dit un de mes voisins, et presque aussitôt nous arrivions à Irun.

Je savais tout au plus quelques mots d'espagnol, appris à la hâte dans un *Manuel de la Conversation*, et, seul, sans connaître personne, j'allais jusqu'au fond de la péninsule, à peine pacifiée depuis six mois, pour secouer la poussière de quelques vieux livres oubliés. C'était avec la plus grande difficulté que je pouvais me faire entendre pour les choses de première nécessité : j'aurais voulu avoir plusieurs jours devant moi et un bon professeur ; mais il était trop tard ; il fallait se tirer d'affaire : je fis de mon mieux.

Les lignes de chemins de fer, en Espagne, étant de trente centimètres plus larges que les nôtres, les wagons français s'arrêtent à Irun. Les voyageurs descendent et les bagages sont déposés à la gare pour être rechargés dans les fourgons espagnols, après la visite de la douane. — Ne croyez pas, Messieurs, que cette visite soit une pure formalité. Les douaniers des pays basques font consciencieusement leur métier, il faut leur rendre cette justice : peut-être pourraient-ils le faire avec plus d'intelligence.

Dans mon sac de nuit j'avais les livres qui m'étaient nécessaires pour mon travail : ils les feuilletèrent, se les passèrent les uns aux autres, et comme ils n'y comprenaient rien, car c'étaient des textes latins, il me fallut expliquer ce que j'en voulais faire. L'ouverture de ma malle amena pour eux une nouvelle découverte : il y avait sur le dessus une malencontreuse ombrelle, soi-disant japonaise, que j'avais eu la fantaisie d'acheter à Paris : il fallut encore des explications. J'aurais ri de bon cœur si je n'avais été de fort mauvaise humeur, et si je n'avais été accablé par la chaleur.

Enfin nous partîmes : désormais j'étais tranquille jusqu'à Madrid. J'avais eu soin de me pourvoir d'argent espagnol avant de quitter Bayonne, car je redoutais, et avec raison, la fausse monnaie qui circule à ciel ouvert en Espagne. Je n'avais plus qu'à me laisser emporter par le train et à admirer la magnificence du pays qui se déroulait sous mes yeux, malgré les trop nombreuses traces de la dernière guerre civile, qui n'a pas laissé une gare debout dans les pays basques.

D'Irun à *Miranda*, aux frontières de la Vieille-Castille, sur une distance d'à peine quarante-cinq lieues, on compte 32 tunnels, mesurant ensemble plus de 15 kilomètres; l'un d'eux a près de 3,000 mètres. Depuis *Andoian*, station située à 14 kilomètres de Saint-Sébastien, jusqu'à l'entrée des 13 tunnels successifs qui passent sous la chaîne Cantabrique, à *Oazurza* (70 kilomètres), la voie monte de 36 $^m$ à 614 $^m$ d'altitude. Cette ascension continue, bien que d'une manière moins brusque. A la *Brujula*, près de Burgos, on franchit le faîte de la montagne par quatre tunnels successifs de 2,600 $^m$, à une hauteur de 934 $^m$. A *Navalgrande*, dans la *Sierra d'Avila*, la voie est à 1,360 $^m$ d'altitude, le point le plus élevé où atteigne un chemin de fer en Europe. D'Avila à l'Escorial, sur une distance d'à peine 18 lieues, il y a 16 tunnels, mesurant ensemble 4,428 mètres. La rampe redescend assez rapidement ; — l'Escorial n'est plus qu'à 920 mètres, Madrid à 675.

Il faut parcourir cette ligne, Messieurs, si l'on veut se rendre compte des difficultés qu'on a eu à vaincre pour la construire. Il est impossible de rien voir de plus beau, de plus tourmenté, de plus pittoresque que les pays basques. Les nombreux cours d'eau qui descendent des montagnes sont couverts d'usines importantes ; la culture est riche et variée jusqu'à l'approche des Pyrénées de Biscaye. L'aspect change alors ; les montagnes sont dénudées et à pic, la végétation est rare, le pays est pauvre. Il n'y a que 42 lieues depuis *Alsasua*, sur le versant des Pyrénées de Biscaye, jusqu'à Burgos ; ce ne sont que des collines arides, avec quelques oasis très-fertiles et très-gracieuses. Au col de *Pancorbo*, petite ville de 2,000 habitants, à 17 lieues en deçà de Burgos, le passage est si étroit que les maisons, le torrent, la voie et la route de terre occupent entre deux murailles de rochers un espace qui n'a pas 50 mètres de largeur. — A partir de ce moment, les montagnes s'éloignent. On est sur un plateau très-fertile. Mais en approchant d'Avila, les contreforts des sierras d'Avila et de *Guadarrama* offrent un aspect des plus étranges et peut-être unique. C'est un chaos immense de blocs de rochers groupés et entassés de la manière la plus fantaisiste. On dirait de gigantesques menhirs sur lesquels sont posées des pierres plus petites, au milieu d'une forêt de chênes nains. Chose curieuse : ces pierres ainsi placées résistent aux vents violents qui souvent, en cet endroit, arrêtent la marche des trains.

Au lever du soleil, je saluai la jolie ville du moyen âge, Avila, patrie de sainte Thérèse, dont la bibliothèque du Roi possède un grand nombre d'autographes (je les ai vus), et quelques heures après j'étais à Madrid.

On a dit beaucoup de bien et beaucoup de mal de la capitale actuelle de l'Espagne. Elle ne mérite, je crois,

*Ni cet excès d'honneur, ni cette indignité.*

Ville presque tout entière moderne, elle procure peu de jouissances à l'antiquaire : c'est vrai. Elle n'a pas non plus l'aspect animé de Paris ; elle compte tout au plus 400,000 habitants ; mais, somme toute, c'est une belle ville, bien ouverte, avec des monuments qui ne manquent pas d'une certaine grandeur. Le *Real palacio*, bâti sur l'emplacement de l'ancien Alcazar, et achevé en 1754, est un des plus beaux palais qui existent ; le *palacio del Congresso* fait penser au palais du quai d'Orsay, à Paris ; le *palacio de la Gobernacion* est d'un ensemble assez imposant ; la *plaza Mayor* est grande et remarquable par ses arcades ; la *plaza de Oriente*, avec ses 44 statues colossales et la statue équestre de Philippe IV, est d'un très-bel effet ; les promenades de *Buen-Retiro*, du *Prado* et du *Salon de Prado*, avec leurs fontaines monumentales, sont délicieuses, surtout le soir. Le *Musco real* est le plus riche d'Europe en tableaux des grands maîtres ; l'*Armeria* renferme de célèbres armures historiques. Il n'est pas jusqu'à la pyramide du *Dos de Mayo* (deux mai), triste souvenir de l'occupation française en 1808, qui n'ait un caractère de grandeur.

J'étais descendu à la *Fonda de la Paz*, hôtel français, situé à la *Puerta del Sol*, la place la plus célèbre de Madrid, au cœur de la ville. C'est là qu'aboutissent les plus grandes rues : la *calle del Arenal* et la *calle Mayor*, à l'ouest ; la *calle d'Alcala*, avec ses beaux arbres, et la *carrera San Geronimo*, à l'est. C'est là qu'il faut voir la population madrilène se presser le soir, sur un espace relativement étroit (200 mètres en long sur 50 mètres dans la plus grande largeur). C'est sur ses trottoirs que se traitent toutes les questions commerciales et politiques : chaque camp a son côté privilégié. J'y ai passé de bons moments à observer la pantomine expressive des promeneurs affairés, car les simples flâneurs vont au Prado. Là se trouvent réunis les marchands de journaux qui crient la feuille du soir d'une voix glapissante (on ne connaît pas encore les kiosques), les revendeurs de billets de loterie dont les bureaux officiels sont épars dans la ville ; — les marchands de cette *agua fresca* qu'on absorbe en abondance par les temps de grande chaleur, en faisant fondre dans le verre un *azucarillo*, sorte de biscuit poreux qui donne à l'eau une saveur délicieuse, ou tout simplement en y mélangeant un peu d'*aguardiente*. Là se croisent les voitures du tramway ; là stationnent les coupés qui, lorsqu'ils sont libres, portent cette inscription : *se alquila* (à louer) ; là s'arrêtent les omnibus venant de la gare du Nord et de la gare du Midi : là, en un mot, est la vie et le mouvement.

Non pas que les autres quartiers manquent d'animation, mais la population n'est plus la même. Il faut aller dans les rues un peu éloignées au nord, et surtout au *rastro*, pour trouver le peuple et étudier ses mœurs. On ne se fait pas d'idée en France de l'odeur nauséabonde qui sort des boutiques et des auberges de troisième et de quatrième ordre à Madrid. La décence la plus élémentaire n'est même pas toujours respectée. J'ai vu, nonseulement à Madrid, mais aussi à Valence, des enfants jouer dans la rue, sans même être revêtus du *simple appareil* dont parle Racine ; dans beaucoup de petits ateliers, j'ai vu travailler le dimanche, comme les autres jours de la semaine.

C'est surtout dans les environs des cimetières que les maisons et leurs habitants ont quelque chose de presque repoussant : je n'aurais pas voulu y passer seul, la nuit. Quant aux cimetières eux-mêmes, qu'on appelle des *sacramentales*, ce ne sont pas comme chez nous des champs de repos ; ce sont des rangées de murs épais qui se croisent en tous sens, à angle droit. Du haut en bas de ces murs sont des niches superposées à sept ou huit étages, dans lesquelles on *empierre* les morts, sans les avoir préalablement portés à l'église. Ce sont des catacombes à ciel ouvert. — Les personnes riches sont déposées dans des salles basses, qu'on appelle *panthéons*, et qui sont décorées avec beaucoup de luxe. Dans les murs comme dans les panthéons, les niches sont souvent *réservées d'avance* par leur futur habitant.

Du reste, j'ai vu des industriels qui vendent des cercueils et qui étalent leur marchandise toute prête confectionnée, enjolivée, peinte et dorée, dans les vitrines de très-beaux magasins.

Ces détails sont peut-être un peu lugubres, Messieurs, mais ils peignent tout un côté du caractère de ce peuple, chez lequel le culte des ancêtres est plus vif encore que chez nous. Non pas que dans la catholique Espagne la religion soit plus pratiquée qu'en France ; mais les Espagnols aiment les démonstrations extérieures.

Les églises de Madrid n'offrent pas de beautés architecturales, mais elles sont dorées du haut en bas, et remplies de petites tribunes grillées ; tout autour est une multitude de chapelles sombres et aussi grillées. Il y a très-souvent deux chaires, qu'on appelle des *pulpitos :* elles correspondent à nos anciens jubés ; cela n'empêche pas qu'il y ait encore la chaire à prêcher ou *catedra*. Les siéges sont rares, quand il y en a ; les hommes restent debout ou appuyés le long des murs ; les dames de tout âge et de toute condition s'accroupissent sur leurs talons et jouent de l'éventail.

L'éventail, Messieurs, est un objet de toilette indispensable pour les femmes espagnoles, — et les hommes sont un peu femmes sous ce rapport. On porte peu d'ombrelles, l'éventail en tient lieu, tant bien que mal. Coiffées de leur mantille, qui est dans les villes le seul reste du costume national, tant la mode de Paris est envahissante, les dames traversent les rues et les places par le soleil le plus ardent en s'abritant derrière l'éventail. Elles en jouent avec une prestesse et une grâce charmantes : c'est tout un langage qui a ses règles bien connues. — La mendiante elle-même s'évente de la main gauche et tend la main droite en invoquant la charité au nom de la *Santa Maria purissima.*

L'éventail est pour les dames ce que le *cigario de papel* (la cigarette) est pour les hommes. Même dans le vestibule des églises, les marchands de chapelets et d'images fument leur cigarette, et j'ai vu à l'hôtel un voyageur allumer la sienne au commencement du repas. La cigarette a droit de cité partout : aussi a-t-on oublié dans les trains d'établir des compartiments réservés aux fumeurs ; il est vrai qu'on y a mis des *retretes* parfaitement installées : ce serait un exemple à suivre chez nous. De leur côté, les Espagnols ne manquent pas d'améliorations à introduire dans leurs lignes de chemins de fer qui ne sont fermées par aucune clôture. Ils devraient aussi avoir une police plus sévère sur les quais, dans les gares et aux stations. Quiconque le veut peut aller reconduire ses amis jusque dans les wagons, tant que le signal du départ n'est pas donné. Quand le train s'arrête, on descend à droite, à gauche, comme l'on veut, pourvu qu'au cri du conducteur, *señores en tren*, tout le monde soit rentré à sa place. Cette liberté d'allures a son bon côté, mais elle peut amener bien des inconvénients. Toutefois, la réglementation s'est introduite dans les buffets, qui ont leurs tarifs officiels : les prix sont un peu élevés, mais il n'y a pas de surprise, et on y est généralement bien traité. On n'y trouve que rarement des mets assaisonnés à l'*aceïte*, huile rance à laquelle les estomacs français s'habituent avec peine, et qui est si commune dans les *fondas* (hôtels) et surtout dans les *casas de huespedes* (pensions bourgeoises).

C'est toute une affaire, Messieurs, de s'accoutumer à la cuisine espagnole ; je ne parle pas ici de Madrid, puisque j'étais dans un hôtel français ; mais à Tolède, à l'Escorial, à Medina del Campo, à Salamanque, il m'a fallu, bon gré mal gré, en faire l'essai. J'ai vu des enthousiastes de l'*olla podrida* et surtout du fameux *gaspacho :* eh bien, je vous l'avoue franchement, il faudrait du temps pour que je fisse chorus avec eux. Du reste, il y a des choses que le climat rend nécessaires. Il faut en Espagne des rafraîchissements : le *gaspacho* (qui est un composé de mie de pain, d'oignon, de concombres, de tomates, de piment, de menthe, de marjolaine, d'huile et de vinaigre) remplit, à ce qu'il paraît, très-bien ces conditions. Mais je préfère de beaucoup l'*orchata de chufas*, sorte d'orgeat d'amandes terrestres, que l'on boit avec de petits tubes en pâte légère, appelés *barquillos*. — J'ai été très-surpris de voir qu'à Madrid, où la chaleur est quelquefois suffocante, on ne prenne pas son café sur la voie publique, comme à Paris et dans nos grandes villes du Midi : les trottoirs sont trop étroits. Même au *Prado*, on ne trouve que des marchands d'*agua fresca ;* la seule distraction qu'on puisse s'y procurer c'est d'écouter le chant monotone et plaintif, bien qu'harmonieux, des *ciegos* (aveugles) qui s'accompagnent sur la mandoline nationale. Le nombre des aveugles est grand en Espagne : cela tient, m'a-t-on dit, à la sécheresse de l'air et à la lumière très-vive du soleil. — Après plusieurs jours passés à Madrid à travailler dans les différentes bibliothèques publiques et particulières, et notamment à la bibliothèque du Roi, je partis pour l'Escorial, l'objectif de prédilection des madrilènes.

On franchit en deux heures les 51 kilomètres qui séparent la capitale du célèbre monastère ; on gravit la colline au grand trot et l'on arrive au pied de ce colosse de granit, — palais, couvent et tombeau, — un vrai labyrinthe. La première impression que l'on éprouve est une sorte de saisissement glacial qui fait mal : il semble que l'on ait une chape de plomb sur les épaules. Malgré toute la splendeur des appartements royaux ; malgré la richesse des tapisseries espagnoles et flamandes dont ils sont tendus ; malgré les belles fresques qui couvrent les murs, les plafonds et les voûtes, — on sent qu'il est difficile de vivre là ; à moins de dispositions particulières, on ne doit y habiter que pour se faire le gardien des morts ou pour mourir. Et pourtant ce monument, élevé en 1565 en souvenir de la prise de Saint-Quentin par Philippe II, est regardé par les Espagnols comme la huitième merveille du monde.

Que l'Escorial soit une merveille, je le veux bien, mais en ce sens que c'est l'identification du caractère triste et sombre de la maison royale d'Autriche dont le premier représentant fit célébrer ses funérailles, de son vivant, au couvent de *Yuste* (1558), et dont le dernier rejeton, Charles II, assista pendant une agonie de trente-deux ans aux querelles des puissances européennes qui se disputaient son héritage (1668-1700).

Aujourd'hui l'Escorial n'est plus de fait une résidence royale, et nul n'habitera plus la pauvre cellule que Philippe II s'était ménagée près du sanctuaire, à l'instar de celle qu'occupait Charles-Quint, son père, au couvent de *Yuste ;* les moines hiéronymiites ont disparu ; la plus grande partie des tableaux de prix est au musée royal de Madrid. L'Escorial proprement dit est désert : c'est la nécropole royale desservie par des prêtres habitant les uns dans l'intérieur de l'ancien monastère, les autres dans un bâtiment parallèle, derrière la façade occidentale.

Je n'entreprendrai pas de vous décrire la basilique, avec les quatre énormes piliers carrés de huit mètres de côté qui supportent la coupole ; — la sacristie, le *coro* et son monumental lutrin (*facistol*), un véritable édifice de bronze sculpté et doré, — les orgues, au nombre de neuf, — les autels, les 232 livres du chœur, dont la hauteur dépasse un mètre, et qui sont tous manuscrits et enluminés. Il faut voir et revoir l'Escorial tout entier ; il a quelque chose qui attire et qui repousse en même temps, et on aime malgré tout à se le rappeler.

Je me contente d'emprunter à D. Antonio Rotondo, auteur d'une description publiée à Madrid en 1875, quelques détails de statistique assez curieux. Il y a 88 fontaines ; 4,565 pièces;

chambres, etc. ; 1,110 fenêtres extérieures ; 1,562 fenêtres inté-
rieures ; 12,000 portes ; 86 escaliers qui comptent 6,704 marches.
La superficie totale de toutes les pièces, cours, jardins, etc.,
est de 33 lieues. Les messes fondées pour le repos des âmes des
rois, des princes et des princesses de la maison royale sont au
nombre de 17,538 par an. Enfin, l'Escorial a été brûlé neuf fois
par la foudre. Le dernier incendie a détruit la bibliothèque
haute, où se trouvaient les manuscrits précieux dont la réputation est européenne : ils ont pu être sauvés. La salle des im-
primés a beaucoup souffert, les armoires ont été en grande
partie brisées, mais les fresques sont restées intactes.

Les trésors que renferme cette bibliothèque sont innombra-
bles : j'en ai profité. Mais combien est petit le nombre de ceux
qui peuvent y aller puiser, malgré la bienveillance de l'excellent abbé Félix Rozauski, bibliothécaire. Un long séjour à
l'Escorial est très-difficile, surtout pour un étranger ; les hôtels
y sont peu ou point confortables. Quiconque n'est pas très-fa-
miliarisé avec la langue castillane y est exposé, comme dans
toutes les petites villes où il n'y a pas de français, à une foule
de petites mésaventures toujours comiques, quelquefois désa-
gréables.

On est moins bien encore à Tolède. La *fonda de Lino*, le meilleur hôtel de la ville, est détestable. Lorsque le cuisinier s'avise
de prolonger sa promenade (car il se promène), il faut attendre
qu'il lui plaise de rentrer, — et quelle cuisine ! De plus, comme
il est impossible de s'orienter au milieu de ce dédale de petites
rues tortueuses et étroites, qui s'enchevêtrent en tous sens, et
où les habitants sé trompent quelquefois eux-mêmes, il faut
prendre un guide-interprète. Le brocanteur qui remplit ces
fonctions ferait bien de prendre des leçons de français et de
franchise. En tous cas, il a un mérite : il connaît bien la ville ;
cela coûte cher ; il faut subir son érudition un peu frelatée, —
mais avec lui on peut voir à peu près tout. Il n'a pas peur de
sortir en compagnie de l'étranger, à l'heure où, me dit-il, *on
ne voit dans les rues de Tolède que les chiens et les voyageurs.*

Tolède est tout un musée avec ses monuments arabes, ses
vieilles synagogues, ses églises de la renaissance, — ses vieilles
maisons aux portes bardées de fer et couvertes de clous armo-
riés plus gros que des œufs, qu'on ne trouve que là et à Salamanque ; — ses fenêtres grillées aux balcons pavés de porce-
laines mauresques, — ses puits aux margelles dentelées, — ses
ponts fortifiés et étroits, — ses tours et ses vieux murs crénelés.

On est transporté à sept ou huit siècles en arrière ; il semble qu'on va voir surgir autour de soi les fantômes des anciens habitants endormis depuis des siècles, comme dans les contes de Perrault.

Le Tage enserre Tolède de trois côtés : on arrive de la station par le pont d'Alcantara, et on fait de longs détours qui permettent de jouir d'une vue ravissante. On laisse de côté la *Puerta del Sol*, vieille porte arabe de l'effet le plus pittoresque, véritable joyau archéologique, et on débouche sur la place du *Zocodover*, tout près de la maison de Cervantès.

J'allai d'abord visiter et admirer l'église conventuelle de *San Juan de los Reyes*, bâtie en 1477 par les rois catholiques qui, après la prise de Grenade en 1492, firent suspendre le long des murs extérieurs les énormes chaînes dont étaient chargés les prisonniers chrétiens dans les cachots de l'Alhambra : la plupart de ces chaînes y sont encore aujourd'hui. Le cloître de l'ancien couvent est une merveille d'architecture gothique. *Nuestra señora del Transito* est une ancienne synagogue dont les charpentes sont, dit-on, en cèdre du Liban. *Santa Maria la Bianca* est aussi une synagogue remarquable par ses arcs en fer à cheval, avec des réminiscences du style bysantin. L'*Alcazar*, relativement moderne, est bâti sur la plus haute des sept collines de Tolède. L'hôpital de *Santa-Cruz* est devenu le collége militaire : la façade, l'escalier et le *patio* intérieur unissent la richesse à l'élégance.

Mon guide voulut me faire examiner la *casa de ayutamento* (l'hôtel-de-ville), contre-sens moderne au milieu de cette ville antique, — mais j'avais hâte d'aller à la cathédrale, une des plus grandes et des plus belles d'Espagne. L'intérieur, avec ses cinq nefs, est imposant : les stalles du *coro* sont pleines de sculptures d'une délicatesse inouïe. Cependant, quelque élégant que soit cet édifice intérieur qu'on trouve dans toutes les cathédrales d'Espagne, il a le défaut de nuire singulièrement à la vue d'ensemble. Les chapelles du pourtour sont fort riches : ce sont presque des églises ; la plus curieuse est celle où l'on célèbre encore l'office suivant la liturgie mozarabe constituée par Isidore de Séville. J'ai assisté à cet office qui se chante en même temps que celui de la métropole dans le *coro* : grâce à la disposition de ce dernier et à l'immensité du monument, ces chants simultanés ne se troublent pas l'un l'autre. — J'ai eu aussi la bonne fortune de voir la curieuse procession de la *Virgen del Sagrario* : tout Tolède y était. C'est une statue en bois

noir fort ancienne et très-curieuse ; elle est vêtue d'une robe et
d'un manteau couverts de diamants, de rubis et de pierreries
pour une valeur de plus de 14 millions de réaux (3,500,000 fr.) ;
les bedeaux qui étaient en tête portaient un costume étrange
et étaient coiffés d'une perruque grise artificielle à trois rangs
de boucles frisées.

Je ne me serais pas lassé d'étudier la cathédrale dans ses
moindres détails, si je n'avais eu spécialement affaire à la bibliothèque du chapitre, dont l'accès m'avait été facilité par un
ordre exprès de Son Éminence le Cardinal-Archevêque, et dont
l'excellent chanoine Don Francisco Bux y Loras m'ouvrit les
portes avec une franche et sympathique cordialité.

Aussitôt que je le pus, je quittai Tolède pour aller me reposer
un jour sous les frais ombrages d'Aranjuez, au bord du Tage.
Aranjuez est une véritable oasis et une résidence royale autour
de laquelle s'est groupée une jolie ville moderne. Je ne saurais
vous dire, Messieurs, le plaisir que l'on éprouve, en quittant
les plaines arides de la province de Madrid, à errer dans les
belles avenues et dans les jardins du palais. Les dérivations
artificielles du Tage permettent d'y cultiver les fleurs les plus
rares. Malheureusement, ce séjour n'est agréable qu'au prin-
temps ; l'été il est fiévreux et malsain. Je me trouvais si bien
que le soir j'eus de la peine à me décider à partir pour Valence,
à 406 kilomètres de là.

La ligne que l'on suit gravit une pente moins considérable et
moins rapide que celle de Saint-Sébastien à Avila. — De Madrid
à Aranjuez on est descendu de 675 $^m$ à 489 $^m$. On remonte alors ;
on franchit la *sierra de Consuegra*, prolongement des monts de
Tolède, entre les deux petites villes de *Tembleque* et de *Villa-
canas*, au milieu d'une campagne immense et presque inculte.
A l'*Alcazar de San-Juan*, à 648 $^m$ d'altitude, on laisse à l'ouest
la ligne d'Andalousie pour s'avancer vers l'est. On aperçoit
en passant la *sierra de Molinos* à *Campo de Criptana*. Les vingt-
quatre ou vingt-cinq moulins qui couronnent la hauteur sont,
dit-on, ceux de don Quichotte. On franchit deux fois la *sierra
de Cuença ;* on cotoie la *sierra de Almanza*, et on arrive à la petite ville de ce nom, à 712 mètres d'altitude.

A la *Encina*, on laisse la ligne d'Alicante au sud, et on se
dirige vers le nord-est. Il faut de nouveau traverser les montagnes sous des tunnels qui ont près de 2,000 mètres. Alors on
n'a plus qu'à descendre jusqu'à Valence, qui n'est qu'à 16 $^m$
au-dessus du niveau de la mer. A la sortie du souterrain de

*Santa-Barbara* commence la campagne du royaume de Valence. La vue s'étend à plus de 100 kilomètres. C'est une terre de bénédiction, un vrai paradis terrestre. Les rizières, les champs d'oliviers, d'orangers, de grenadiers, 'de mûriers, se succèdent sans interruption. Les aloès croissent en plein champ ; la canne à sucre sert à faire des haies ; les jardins sont remplis de palmiers. On passe près de l'immense lac. d'*Albuféra* qu'on découvre du village de *Silla*, et on arrive à Valence tout près de la *plaza de Toros*, la plus belle de toute l'Espagne.

Valence est certainement une des villes les plus curieuses de la péninsule : elle est située dans une position délicieuse, sous un climat toujours tempéré. C'est une de celles où je retournerais de préférence à cause des richesses bibliographiques inconnues que renferme la bibliothèque de son Université. Elle compte plus de 100,000 habitants et offre à la fois les agréments et le confortable de la vie moderne et les beautés archéologiques du moyen âge. Les vieilles rues étroites et tortueuses sont d'une grande propreté (bien que les moyens employés pour les nettoyer soient très-primitifs) ; mais elles semblent destinées à disparaître pour faire place à des voies de communication larges et droites.

Toutefois, les Valenciens sont encore fortement attachés à leurs anciennes coutumes. C'est là que, pour la première fois, j'ai entendu le chant traditionnel des *serenos* ou gardes de nuit, chargés de veiller à la sécurité des habitants, et de leur annoncer l'heure et le temps qu'il fait dehors. — Là encore fleurit, dans toute sa splendeur, l'industrie des *tartaneros*.

Dieu vous garde, Messieurs, des tartanes de Valence : c'est le plus affreux genre de voitures que l'on puisse rencontrer. Elles font à peine quatre kilomètres à l'heure et, malgré cette lenteur, ce sont des cahots continuels. Il est vrai que les tramways sont venus depuis quelque temps leur faire concurrence : mais ce n'a pas été sans que les *tartaneros* protestassent d'une façon tellement vive qu'il a fallu confier la protection de la ligne à la garde civile. Je ne suis allé qu'une seule fois en tartane, pendant deux heures ; j'en ai eu assez, et j'ai modestement visité la ville à pied.

La cathédrale est belle, mais inférieure à celle de Tolède. C'est un mélange de tous les styles d'architecture qui se sont succédé depuis six siècles ; les parties les plus anciennes datent de 1262. La grande tour, appelée *el Miguelete*, est octogone : c'est une forme assez rare dans les tours de nos églises de

France, on la trouve cependant au xi<sup>e</sup> siècle, à Coutances (Manche), et ce n'est qu'au xiii<sup>e</sup> qu'on lui a donné une enveloppe quadrangulaire.

L'église des *Santos-Juanes* est surtout remarquable par ses marbres de Gênes et par les fresques magistrales de Palomino. — *Santa-Catalina*, près de la *Puerta del Sol*, est une ancienne mosquée dont la tour hexagone est une des plus jolies de toute la ville. — Les couvents étaient nombreux autrefois ; quelques-uns ont été démolis : les autres ont été affectés à des services civils ou militaires. — En face de l'Université, le *Colegio del Patriarca* possède une belle Cène de Ribalta. Le 29 août, jour de la fête du fondateur, *el beato Juan de Rivera*, archevêque et vice-roi de Valence, j'y ai entendu de la musique religieuse aussi belle que celle de l'Escorial. — L'hôpital général, qui peut contenir 1,100 malades, est bâti en forme de croix et ressemble à l'hôpital de *Santa-Cruz* de Tolède. J'ai été ravi de voir de quelle manière les pauvres y sont soignés : je ne croyais pas qu'on pût trouver quelque chose d'aussi beau ailleurs qu'en France.

Les fortifications n'existent plus en entier : on a conservé cependant la *Puerta de Serranos* et la *Puerta de cuarte*, flanquées à droite et à gauche d'énormes tours cylindriques : elles servent maintenant, l'une de prison civile, l'autre de prison militaire. — Une des merveilles de Valence est la *Casa-Lonja*, qui remonte au xv<sup>e</sup> siècle et sert de halle à la soie. A l'extérieur, on dirait presque une citadelle ; à l'intérieur, c'est une immense nef aux voûtes élevées, soutenues par une forêt de colonnes torses qui ressemblent à de gros câbles de navires, suivant l'expression de M. Ch. Davillier, ou mieux encore à une forêt de palmiers pétrifiés.

La fameuse promenade extérieure de l'*Alameda*, près du *jardin de la reine*, ne mérite guère l'attention que par sa longueur. On s'y rend en traversant le Guadalaviar sur six beaux ponts ornés de statues de saints, comme presque tous les ponts d'Espagne. Ce fleuve, ou plutôt ce torrent, qui est large comme la Seine, et qui est bordé de quais, ne contenait pas alors une goutte d'eau, tant était grande la sécheresse. En revenant par le pont qui aboutit au Champ de Mars, et après avoir traversé un nuage de poussière, on arrive à la jolie promenade-jardin de la *Glorieta*, avec ses arbres exotiques, ses grands palmiers et sa belle fontaine. C'était là que j'aimais à passer mon temps pendant les heures où je ne pouvais travailler à la bibliothèque de l'Université. Ces heures étaient rares, car M. le recteur Monserrat et MM. de Cossiò et Torrès, bibliothécaires, s'étaient mis à ma disposition avec une obligeance au-dessus de tout éloge. Aussi ai-je pu noter des trésors de paléographie dans cette belle collection formée en partie de dons faits à l'Université par de grands personnages, tels que le marquis *de dos Aguas*, dont on remarque le splendide hôtel dans le voisinage, — en partie des dépouilles de couvents supprimés. Le monastère de *San-Miguel de los Reyes* a fourni les plus beaux et les plus nombreux de ces manuscrits qui provenaient d'un legs fait en 1550 par le duc de Calabre, de la maison d'Aragon.

Je serais resté longtemps dans cette ville hospitalière, si je n'eusse été pressé par le temps. Je revins à Madrid, et de là je me dirigeai vers Salamanque par *Medina del Campo*, entre Madrid et Avila.

Je n'avais fait qu'entrevoir *Medina* en venant d'Irun. Les restes considérables et pittoresques de la vieille forteresse de *la Mota*, habitée par la cour de Castille au temps de Jeanne la Folle, m'avaient paru du plus haut intérêt. Je fus bien désillusionné : ce ne sont partout que des ruines. Cette ville, qui compte encore 6,000 habitants, et qui est un des marchés de céréales les plus considérables d'Espagne, a dû être très-florissante ; il y a des monuments curieux et une grande place avec des arcades en bois sculpté. Mais tout cela est délabré : je ne puis concevoir comment on ose y demeurer. C'est l'image de la plus complète décadence. On n'y trouve même pas une auberge passable : faute de table, j'étais obligé d'écrire sur le rebord de la fenêtre.

Le chemin de fer étant inachevé à partir de *Cantalapiedra*, à quelques kilomètres, il me fallut prendre une voiture. Ce n'est qu'après six heures de la route la plus ennuyeuse et par un soleil ardent, que j'arrivai à Salamanque. Non pas qu'il y ait des collines ou des ravins : c'est une plaine désolée et brûlée, à perte de vue. Le chemin est à peine tracé dans le sable : on se dirige à peu près comme en pleine mer.

Jusqu'à un certain point, j'étais content de connaître ces fameuses diligences dont on a tant parlé, et ce *mayoral* qui commande en despote, et ce *zagal*, sorte de coureur d'une agilité remarquable. Depuis le moment du départ jusqu'à Salamanque, tous les deux crient à tue-tête pour exciter les mules ; ils les interpellent par les noms les plus bizarres en les accablant de coups avec une brutalité révoltante. Les pauvres bêtes font pourtant bien ce qu'elles peuvent. — La Société protectrice des animaux devrait avoir une succursale en Espagne.

J'avais compté déjeuner au relais : je ne trouvai, à deux heures après-midi, qu'un morceau de pain et un verre d'eau à *Pitiegua*, misérable village dont toutes les maisons sont cependant soigneusement numérotées. Mes compagnons de route, de braves gens, voulaient me faire partager leur festin : mais les melons d'eau aux tranches rouges comme du sang, dans lesquels ils mordaient à belles dents, ne me tentaient pas, — et je me souciais peu de boire après eux à la même *bota*, sorte d'outre en peau de bouc dont ils pressaient les flancs avec délices.

Enfin, j'entrai dans les murs de Salamanque : aux portes, les sentinelles et les pont-levis d'autrefois sont remplacés par des receveurs et un bureau d'octroi. — La fameuse Université est bien déchue de son ancienne splendeur : mais elle se relèvera du jour où les communications avec les villes voisines seront devenues plus faciles. J'y ai trouvé l'accueil le plus sympathique et aussi le plus précieux de tous les manuscrits de Quintilien que j'aie vus en Espagne. Je descendis à la *casa de la Rosa*, près de la *Plaza Mayor* qui est digne d'une capitale : j'y fus traité en enfant gâté ; on voit si rarement des étrangers dans cette ville trop isolée ! Et pourtant, Messieurs, elle mérite une visite : un de mes regrets est de n'avoir pu en rapporter de photographies ; mais il n'y en avait pas *.

On a surnommé Salamanque *la petite Rome*, à cause de ses beaux édifices : il n'y a rien d'emphatique dans cette qualification. Il suffit de citer, entre autres, le vieux pont de 27 arches jeté sur le *Tormès*, la *Puerta de San-Pablo*, la *Casa de las conchas*, la *Casa de la Sal*, l'*Arzobispo*, le *Colegio viejo*, le *Colegio de Calatrava*, et par dessus tout la Cathédrale et l'Université.

La cathédrale actuelle est une œuvre majestueuse dans le style gothique moderne, bâtie par les rois catholiques. A côté, en contre-bas et en communication avec elle, se trouve la vieille cathédrale romane, d'une parfaite conservation. Elle est entièrement pavée de tombes dont les dalles ne sont pas scellées. La construction en est singulière : le premier ordre semble être gothique, et l'ordre supérieur est du plus pur roman. — Quant à l'Université, c'est un monument digne de la réputation uni-

---

* Depuis la lecture de cette relation, M. le recteur Mamès Espérabé y Lozano a bien voulu m'en envoyer.

verselle dont a joui son enseignement. Elle se compose de trois
somptueux corps de bâtiment, construits de 1415 à 1433 ; les
sculptures qui les décorent sont aussi riches que celles de *San-
Juan de los Reyes* à Tolède. — Le recteur, M. Mamès Espérabé,
et M. le bibliothécaire Urbina, m'en firent les honneurs avec
une grâce charmante. Dans les longues conversations en latin
que j'eus avec eux, ils déploraient la situation faite à cette
*Mère des Vertus, des Sciences et des Arts*, que *Marino Siculo*, dans
son *de Laudibus Hispaniæ*, déclarait autrefois supérieure aux Uni-
versités si célèbres cependant de Paris, de Bologne et d'Oxford,
— qni, en 1771, comptait 61 chaires de professeurs et près de
laquelle se trouvaient des imprimeries grecques et hébraïques.
Aujourd'hui, le nombre des chaires est très-restreint, et à l'U-
niversité n'est plus annexé qu'un Institut où l'on fait des cours
analogues à ceux de nos lycées et de nos colléges.

Les Espagnols, Messieurs, sentent bien ce qui manque à
l'organisation de l'Enseignement public chez eux, et ils re-
gardent d'un œil d'envie ce qui se fait en France pour la pro-
pagation de l'instruction à tous les degrés. Combien de fois les
hommes les plus distingués se sont-ils plaints devant moi du
peu d'extension donné aux institutions scolaires dans leur pays,
et du manque de ressources pour l'encouragement des études
scientifiques et littéraires ! Aussi sont-ils reconnaissants envers
les Français qui vont fouiller leurs archives et leurs bibliothèques pour y découvrir les documents précieux qui y sont
entassés.

Salamanque était ma dernière étape en Espagne. D'après les
renseignements que m'avait fournis M. le comte de Montebello *,
je savais que je n'avais rien à trouver ni à Barcelone, ni à
Séville ni à Valladolid, pour l'objet spécial de mes études, malgré la richesse de leurs bibliothèques. Je m'arrêtai fort peu de
temps à Valladolid, qui était sur ma route, et je rentrai en
France par Irun. — Je saluai avec bonheur le pavillon tricolore
qui flottait au mât d'une patache de la douane en station sur la
Bidassoa, et j'arrivai à Hendaye avec une ample provision de
notes prises dans onze bibliothèques publiques ou particulières.

J'ai fait un long rapport à M. le Ministre de l'Instruction
publique sur les résultats de mes recherches. Permettez-moi,
Messieurs, de le résumer devant vous en quelques mots.

---

* Je ne saurais trop remercier M. de Montebello, chargé d'Affaires de France
à Madrid, pour la haute bienveillance qu'il m'a témoignée et pour l'empresse-
ment qu'il a mis à m'être utile pendant tout le cours de ma mission en Espagne.

J'ai trouvé, étudié et classé six manuscrits entièrement inédits de l'Institution oratoire de Quintilien ; — un manuscrit
d'Extraits du même auteur, dont le pareil est à la bibliothèque
d'Arras ; — deux manuscrits inédits des Déclamations du
même auteur (traduction italienne) ; — deux manuscrits de
Pline l'Ancien ; — deux manuscrits de Virgile ; — un manuscrit d'Ovide ; — un manuscrit de Plaute ; — un manuscrit de
Sénèque ; — un manuscrit de la Doctrine chrétienne, écrit en
français en 1279 par l'ordre du roi Philippe le Hardi, fils de
saint Louis ; — trois manuscrits du Roman de la Rose ; — un
manuscrit d'Alain Chartier ; — un manuscrit de Philippe de
Comines, traduit en italien par Philibert de Savoie ; — les
beaux livres d'Heures manuscrits de Jeanne la Folle et de
Charles-Quint ; — enfin, le beau livre d'Heures manuscrit de
Charles VIII, roi de France, digne pendant du livre d'Heures
d'Anne de Bretagne : on ne sait trop pourquoi ce dernier fut,
en 1628, donné à un espagnol par Louis XIII. Il a fini par
trouver asile à la bibliothèque nationale de Madrid, mais sa
place serait à la bibliothèque nationale de Paris.

Déjà l'année dernière, M. Ch. Graux, élève de l'École pra-
tique des Hautes Études, avait fait des découvertes importantes
dans les bibliothèques d'Espagne, en ce qui concerne les manuscrits grecs : il y a encore beaucoup de documents inconnus
à explorer, surtout au point de vue de l'histoire. Je suis con-
vaincu que ceux qui voudront en obtenir communication trou-
veront comme moi l'appui bienveillant du gouvernement espagnol, et qu'ils emporteront le meilleur souvenir de toutes les
personnes avec lesquelles ils auront été en relations. Pour ma
part, je le dis hautement, je n'ai eu qu'à me louer de l'accueil
qui m'a été fait partout et par tous de l'autre côté des Pyrénées,
et je serais heureux d'en témoigner ma reconnaissance aux
savants espagnols autrement que par des paroles.

Saint-Brieuc, le 14 octobre 1876.

[illegible] — [illegible]

[illegible] Conclusion. — [illegible]

[illegible] fréquence [illegible]

[illegible] Avec [illegible]

[illegible]

[illegible] au [illegible] de Pertuis [illegible]

[illegible] d'Aune Chaume [illegible]